LA RÉFORME

DU

CASIER JUDICIAIRE

AU SÉNAT

PAR

Henri de FORCRAND

DOCTEUR EN DROIT

PROCUREUR DE LA RÉPUBLIQUE A ALAIS

CHEVALIER DE LA LÉGION D'HONNEUR

PARIS

MARCHAL et BILLARD

IMPRIMEURS-ÉDITEURS, LIBRAIRES DE LA COUR DE CASSATION

Maison principale : Place Dauphine, 27

Succursale : Rue Soufflot, 7

—

1899

RÉFORME DU CASIER JUDICIAIRE

AU SÉNAT

LA RÉFORME

DU

CASIER JUDICIAIRE

AU SÉNAT

PAR

Henri de FORCRAND

DOCTEUR EN DROIT
PROCUREUR DE LA RÉPUBLIQUE A ALAIS
CHEVALIER DE LA LÉGION D'HONNEUR

PARIS

MARCHAL ET BILLARD

IMPRIMEURS-ÉDITEURS, LIBRAIRES DE LA COUR DE CASSATION
Maison principale : Place Dauphine, 27
Succursale : Rue Soufflot, 7

1899

PROJET DE LOI

SUR

LE CASIER JUDICIAIRE

ET SUR

LA RÉHABILITATION DE DROIT

Voté par le Sénat dans sa séance du 7 mars 1899

ART. 1er. — Le greffe de chaque tribunal de première instance reçoit, en ce qui concerne les personnes nées dans la circonscription du tribunal et après vérification de leur identité aux registres de l'état civil, des bulletins, dits bulletins nº 1, constatant :

1º Les condamnations contradictoires ou par contumace et les condamnations par défaut non frappées d'opposition prononcées, pour crime ou délit, par toute juridiction répressive ;

2º Les décisions prononcées par application de l'article 66 du code pénal ;

3º Les décisions disciplinaires prononcées par l'autorité judiciaire ou par une autorité administrative, lorsqu'elles entraînent ou édictent des incapacités ;

4º Les jugements déclaratifs de faillite ou de liquidation judiciaire ;

5º Les arrêtés d'expulsion pris contre les étrangers.

ART. 2. — Il est fait mention sur les bulletins nº 1 des grâces, commutations ou réductions de peines, des décisions qui suspendent l'exécution d'une première condamnation, des arrêtés de mise en libération conditionnelle et de révocation, des réhabilitations et des jugements relevant de la relégation, conformément à l'article 16 de la loi du 27 mai 1885, et des décisions qui rapportent les arrêtés d'expulsion, ainsi que de la date de l'expiration de la peine et du paiement de l'amende.

Sont retirés du casier judiciaire : les bulletins n° 1 relatifs à des condamnations effacées par une amnistie ou réformées en conformité d'une déclaration de rectification du casier judiciaire.

Art. 3. — Le casier judiciaire central, institué au ministère de la justice, reçoit les bulletins n° 1 concernant les personnes nées à l'étranger, dans les colonies, ou dont l'acte de naissance n'est pas retrouvé.

Art. 4. — Le relevé intégral des bulletins n° 1 applicables à la même personne est porté sur un bulletin appelé bulletin n° 2.

Il est délivré aux magistrats du parquet et de l'instruction, aux autorités militaires et maritimes pour les appelés des classes et de l'inscription maritime ainsi que pour les jeunes gens qui demandent à contracter un engagement.

Il l'est également aux administrations publiques de l'État, saisies de demandes d'emplois publics, ou en vue de poursuites disciplinaires ou de l'ouverture d'une école privée, conformément à la loi du 30 octobre 1886.

Les bulletins n° 2 réclamés par les administrations publiques de l'État pour l'exercice des droits politiques, ne comprennent que les décisions entraînant des incapacités prévues par les lois relatives à l'exercice des droits politiques.

Lorsqu'il n'existe pas de bulletins n° 1 au casier judiciaire, le bulletin n° 2 porte la mention : Néant.

Art. 5. — En cas de condamnation, faillite, liquidation judiciaire ou destitution d'un office ministériel prononcée contre un individu soumis à l'obligation du service militaire ou maritime, il en est donné connaissance aux autorités militaire ou maritime par l'envoi d'un duplicata du bulletin n° 1.

Un duplicata de chaque bulletin n° 1 constatant une décision entraînant la privation des droits électoraux, est adressé à l'autorité administrative du domicile de tout Français ou de tout étranger naturalisé.

Art. 6. — Un bulletin n° 3 peut être réclamé par la personne qu'il concerne. Il ne doit, dans aucun cas, être délivré à un tiers.

Art. 7. — Ne sont pas inscrites au bulletin n° 3 :

1° Les décisions prononcées par application de l'article 66 du code pénal ;

2° Les condamnations effacées par la réhabilitation ou par l'application de l'article 4 de la loi du 26 mars 1891 sur l'atténuation et l'aggravation des peines ;

3° Les condamnations prononcées en pays étranger pour des faits non prévus par les lois pénales françaises ;

4° Les condamnations pour délits prévus par les lois sur la presse, à l'exception de celles qui ont été prononcées pour diffamation ou pour outrages aux bonnes mœurs, ou en vertu des articles 23, 24 et 25 de la loi du 29 juillet 1881 ;

5° Une première condamnation à un emprisonnement de trois mois ou de moins de trois mois prononcée par application des articles 67, 68 et 69 du code pénal ;

6° La condamnation avec sursis à un mois ou moins d'un mois d'emprisonnement avec ou sans amende ;

7° Les déclarations de faillite, si le failli a été déclaré excusable par le tribunal ou a obtenu un concordat homologué, et les déclarations de liquidation judiciaire.

Art. 8. — Cessent d'être inscrites au bulletin n° 3 délivré au simple particulier :

1° Un an après l'expiration de la peine corporelle ou le paiement de l'amende, la condamnation unique à moins de six jours de prison ou à une amende ne dépassant pas 25 francs, ou à ces deux peines réunies, sauf le cas où ces condamnations entraîneraient une incapacité civile ou politique ;

2° Cinq ans après l'expiration de la peine corporelle ou le

paiement de l'amende, la condamnation unique à six mois ou à moins de six mois de prison ou à une amende, ainsi qu'à ces deux peines réunies ;

3° Dix ans après l'expiration de la peine, la condamnation unique à une peine de deux ans ou moins de deux ans ou les condamnations multiples dont l'ensemble ne dépasse pas un an ;

4° Quinze ans après l'expiration de la peine, la condamnation unique supérieure à deux ans de prison.

Le tout sans qu'il soit dérogé à l'article 4 de la loi du 26 mars 1891, sur l'atténuation et l'aggravation des peines.

Dans le cas où une peine corporelle et celle de l'amende auront été prononcées cumulativement, les différents délais prescrits par le présent article commenceront à courir à partir du jour où ces deux peines auront été complètement exécutées.

La remise totale ou partielle, par voie de grâce, de l'une ou de l'autre de ces peines équivaudra à leur exécution totale ou partielle.

L'exécution de la contrainte par corps équivaudra au paiement de l'amende.

Art. 9 — En cas de condamnation ultérieure pour crime ou délit à une peine autre que l'amende, le bulletin n° 3 reproduit intégralement les bulletins n° 1, à l'exception des cas prévus par les §§ 1, 2, 3, 4 de l'article 7.

Art. 10. — Lorsqu'il se sera écoulé dix ans, dans le cas prévu par l'article 8, 1° et 2°, sans que le condamné ait subi de nouvelles condamnations à une peine autre que l'amende, la réhabilitation lui sera acquise de plein droit.

Le délai sera de quinze ans dans le cas prévu par l'article 8-3°, et de vingt ans dans le cas prévu par l'article 8-4°.

En cas de contestation sur la réhabilitation, le demandeur pourra s'adresser au tribunal du lieu de son domicile, dans les formes et suivant la procédure prescrites à l'article 14. Le jugement rendu sera susceptible d'appel et de pourvoi en cassation.

Art. 11. — Quiconque, en prenant le nom d'un tiers, aura déterminé l'inscription au casier de ce tiers d'une condamnation, sera puni de six mois à cinq ans d'emprisonnement, sans préjudice des poursuites à exercer pour le crime de faux, s'il y échet.

Sera puni de la même peine celui qui, par de fausses déclarations relatives à l'état civil d'un inculpé, aura sciemment été la cause de l'inscription d'une condamnation sur le casier judiciaire d'un autre que cet inculpé.

Quiconque, en prenant un faux nom ou une fausse qualité, se fera délivrer le bulletin n° 3 d'un tiers sera puni d'un mois à un an d'emprisonnement.

L'article 463 du code pénal sera dans tous les cas applicable.

Art. 12. — L'étranger n'aura droit aux dispenses d'inscription sur le bulletin n° 3 que si, dans son pays d'origine, une loi ou un traité réserve aux condamnés français des avantages analogues.

Art. 13. — Un règlement d'administration publique déterminera les mesures nécessaires à l'exécution de la présente loi et, notamment, les conditions dans lesquelles doivent être demandés, établis et délivrés les bulletins n°s 2, 3, les droits alloués au greffier, ainsi que les conditions d'application de la présente loi aux colonies et aux pays de protectorat.

Art. 14. — Celui qui voudra faire rectifier une mention portée à son casier judiciaire présentera requête au président du tribunal ou de la cour qui aura rendu la décision.

Le président communiquera la requête au ministère public et commettra un juge pour faire le rapport.

Le tribunal ou la cour statuera en audience publique, sur le rapport du juge et les conclusions du ministère public.

Le tribunal ou la cour pourra ordonner d'assigner la personne objet de la condamnation.

Dans le cas où la requête est rejetée, le requérant sera condamné aux frais.

Si la requête est admise, les frais seront supportés par celui qui aura été la cause de l'inscription reconnue erronée, s'il a été appelé dans l'instance.

Le ministère public aura le droit d'agir d'office dans la même forme en rectification du casier judiciaire.

Mention de la décision rendue sera faite en marge du jugement ou de l'arrêt visé par la demande en rectification.

Ces actes, jugements et arrêts seront dispensés du timbre et enregistrés gratis.

Si les éminents services rendus par le casier judiciaire ne sont plus à prouver, son régime, soumis dès le principe à l'instabilité des circulaires ministérielles, s'est révélé fécond en défauts dont le plus grave réside, à coup sûr, dans un obstacle à peu près absolu à la régénération des condamnés. Ému de ce danger, le Sénat a entrepris d'y parer et de forger, par voie de conséquence, une arme nouvelle contre la récidive, tout en développant les bienfaits sociaux de l'institution appelée à profiter désormais de la fixité des actes législatifs. Il est permis toutefois de se demander si le projet voté a rendu avec bonheur la pensée maîtresse de la haute assemblée. Un rapide examen va nous édifier.

CHAPITRE Iᵉʳ. — CONSTITUTION DU CASIER JUDICIAIRE

SECTION I. — Casier judiciaire proprement dit.

§ 1. — Bulletins nᵒ 1.

Le projet maintient l'établissement de bulletins, dits bulletins nº 1, déposés au greffe du tribunal de première instance du lieu de naissance des intéressés, après vérification de l'identité aux registres de l'état civil. Il conserve, d'autre part, le casier judiciaire central, institué au ministère de la justice pour les individus nés à l'étranger, dans les colonies (ce qui comprend sans difficulté les pays de protectorat) ou dont l'acte de naissance n'a pu être trouvé. — C'est la consécration légale du système adopté dès l'origine, le seul naturel et vraiment pratique.

La collection des bulletins nº 1, classés par ordre alphabétique dans des armoires à cases intérieures, constitue exactement le casier judiciaire. Nous verrons plus loin l'utilité de cette précision.

§ 2.— Décisions donnant lieu à la rédaction de bulletins n° 1.

L'objet principal du casier étant d'édifier les magistrats sur le degré d'indulgence ou de rigueur que méritent les individus poursuivis, on ne doit admettre aucune exception basée sur la minimité des fautes. Nul ne saurait contester par exemple qu'un simple délit de chasse, dépourvu d'intérêt moral et sans portée dans une action ultérieure pour infraction aux mœurs ou aux règles de la délicatesse, ne soit cependant à considérer au cas d'un nouvel acte de braconnage. Il faut donc que le casier, biographie judiciaire des personnes soumises aux lois françaises, enregistre tout accident pénal ou disciplinaire de leur existence, sauf au législateur à prévenir par de sages mesures les divulgations dangereuses. Bien que visiblement inspiré par cette préoccupation, le texte du Sénat n'est cependant pas sans lacunes ni obscurités.

Le paragraphe premier du premier article ordonne de dresser des bulletins n° 1 pour les condamnations contradictoires ou par contumace et pour les condamnations par défaut non frappées d'opposition prononcées, pour crime ou délit, par toute juridiction répressive. — A-t-on pensé qu'à la différence de ce qui se pratique actuellement, le texte nouveau paraît obliger, par la généralité de ses termes, à inscrire au casier les décisions rendues à la requête des administrations publiques, même si elles ne comportent que l'amende ? L'innovation ne serait certes pas pour nous déplaire, car les juges ont intérêt à connaître en toute matière les antécédents des prévenus ; mais nous doutons fort que le Sénat ait envisagé cette conséquence. Si l'on objectait que de telles amendes sont surtout à considérer comme des réparations civiles et exclues à ce titre du casier judiciaire, nous répondrions que cela n'est pas toujours exact, que la plupart de ces amendes ont d'ailleurs un caractère à la fois pénal et civil, et qu'il serait prudent de s'expliquer. — Nous estimons aussi que le mot « répressive », inscrit à la fin de notre alinéa, est inutile et équivoque. Le texte limitant aux seuls crimes et délits l'objet du casier, l'expression est sans intérêt. D'autre part une loi de ce genre est d'interprétation stricte, et bien que les juridictions civiles, commerciales ou administratives se transforment vraiment en juridictions répressives lorsqu'elles sont appelées à réprimer des faits d'audience, quelque doute pourrait s'élever au sujet de ces espèces particulières. — On sait enfin qu'en vertu d'accords spéciaux la France reçoit de certaines puissances étrangères, à charge de réciprocité, l'avis des condamnations prononcées contre ses nationaux et classe ces documents au casier. Or, quand une loi française, statuant en matière pénale, parle des juridictions répressives, elle est réputée entendre exclusivement les tribunaux de sa nation, et comme l'énumération des condamnations devant désormais figurer au casier ne peut être que limitative, il en faudrait conclure que les jugements étrangers seront maintenant exclus. A la vérité l'article 7, § 3, du projet suppose nécessairement la mention au casier des condamnations étrangères ; mais cela devrait être dit avec netteté. Nous proposons donc de rédiger ainsi la fin du paragraphe qui nous occupe : «.... par toute juridiction française, et par les tribunaux des nations étrangères avec lesquelles il a été ou sera conclu des accords à cet effet ».

Nous n'avons rien à dire du paragraphe 2. Les décisions admettant le défaut de discernement de la part d'un mineur de seize ans sont avant tout des notes de moralité, dont la connaissance est essentielle en cas de rechute.

Le paragraphe 3 est au contraire susceptible de sérieuses critiques. Son texte est formel, et l'on ne devrait plus établir de bulletins n° 1 pour les décisions disciplinaires prononcées par l'autorité judiciaire ou par une autorité administrative, que si elles entraînent ou édictent des incapacités. De quelles incapacités s'agit-il ? Incapacités civiles ou politiques ? Suspensions, interdictions ? On ne le dit pas, mais le rapport fait au Sénat cite comme exemple d'une décision susceptible d'inscription au casier la révocation d'un officier ministériel, d'où l'on devrait conclure que l'on a visé les incapacités politiques. Cependant l'autorité administrative est sans action sur la capacité électorale. Que faut-il penser, si ce n'est que ce paragraphe est obscur, partant inacceptable? Nous proposerons un autre système, et d'abord nous distinguerons les décisions disciplinaires judiciaires des mesures prises par l'autorité administrative. Nous porterons au casier les premières, chaque fois qu'elles prononceront une peine quelconque contre un officier public ou ministériel, s'agit-il même de simples suspensions, de réprimandes ou d'injonctions, pénalités indifférentes à la capacité du citoyen. Il est utile en effet que les magistrats, surveillants immédiats des personnes de cette qualité, soient informés en cas de récidive. Au contraire, nous omettrons les infractions disciplinaires des magistrats, ces fautes, d'un intérêt exclusivement professionnel, étant mentionnées aux dossiers de la chancellerie et la trace n'en pouvant être perdue. Pour les décisions émanées d'une autorité administrative, nous venons de voir qu'il ne saurait être question d'incapacité au sens propre du mot, et jamais sans doute il n'est venu à l'esprit du Sénat de viser les réprimandes adressées aux fonctionnaires, leurs suspensions ou révocations, la mise en réforme d'un officier, etc. Les seuls actes administratifs dont la mention importe, parce qu'ils édictent de véritables déchéances, sont les décrets portant suspension ou privation du droit de porter une décoration et les ordonnances des présidents de cours d'assises ou conseils de guerre relatives au même objet : seuls ils doivent figurer au casier.

Les paragraphes 4 et 5, relatifs aux déclarations de faillite ou de liquidation judiciaire et aux décrets d'expulsion contre les étrangers, ne prêtent pas à controverse.

Mais nous devons noter ici une regrettable lacune. Le projet soumis aux délibérations du Sénat voulait que la déchéance de la puissance paternelle fût inscrite au casier : sur la simple remarque que cette déchéance n'était pas au sens propre une condamnation, la commission l'a fait disparaître de la nomenclature. Ce point cependant eût mérité l'honneur d'une discussion publique. Sans doute la déchéance paternelle n'est pas une condamnation criminelle ou correctionnelle ; mais cela est indifférent, puisque le casier n'est pas exclusivement réservé aux décisions de ce genre, qu'il comprend des jugements con-

sulaires, des mesures de discipline judiciaire, même des décrets
et arrêtés administratifs, en un mot tout ce qui frappe d'une
peine ou inflige quelque diminution morale. Et à ce dernier
titre, est-il rien de plus grave que la déchéance de la puissance
paternelle ? N'est-elle pas une indication précieuse pour le
juge ? Peut-être bien, par interprétation équitable, fera-t-on
mention de ces déchéances quand elles seront connexes à des
condamnations ; mais encore mieux eût valu le dire. Une disposition spéciale s'impose en tout cas pour ordonner l'inscription au casier des déchéances facultatives, à l'exception
cependant de l'hypothèse prévue par le paragraphe 5 de l'article 2 de la loi du 24 juillet 1889, qui n'implique pas indignité
des parents. Exprimons le vœu qu'il y soit pourvu avant le
vote définitif.

§ 3. — Énonciations des bulletins nᵒ 1.

Bien que le Sénat s'en soit remis au Conseil d'État du soin
de fixer la rédaction des bulletins nᵒ 1, il a cru cependant nécessaire de prescrire certaines mentions. Prudence d'ailleurs
superflue, car la sanction du règlement à intervenir ne pouvait
manquer à leur essentielle utilité. Les unes, en effet, concernant la date de l'expiration de la peine corporelle ou du paiement de l'amende (1), sont rendues indispensables par la création de la prescription du casier judiciaire et de la réhabilitation
de droit que nous étudierons en détail ; les autres, d'une importance égale, visant les grâces, les condamnations avec sursis,
les arrêtés de libération conditionnelle et de révocation, les
réhabilitations, les décisions relevant de la relégation ou rap-
portant des arrêtés d'expulsion, sont d'une nécessité évidente.
Nous pensons qu'il y aurait tout profit à la suppression du premier alinéa de l'article 2 (2).

(1) Il faudrait ajouter le jour de la libération de la contrainte par corps,
au cas de non-paiement de l'amende.

(2) Notons les incorrections du texte. Il est parlé de la suspension d'*une
première condamnation*, alors que, nous y reviendrons, il peut y avoir
plusieurs sursis. De même on vise la *mise en libération conditionnelle*,
quand il eût fallu dire : mise en liberté conditionnelle ou plus simple-
ment libération conditionnelle. Pour la réhabilitation, on devait spécifier

§ 4. — **Retraits de bulletins n° 1.**

Le paragraphe 2 de l'article 2 encombre encore sans aucune utilité l'œuvre législative, en prescrivant le retrait des bulletins n° 1 relatifs aux condamnations effacées par l'amnistie, ou réformées en conformité d'une décision de rectification du casier judiciaire. La condamnation amnistiée est réputée n'avoir jamais existé, et la rectification reporte légalement sur un tiers la peine primitivement infligée au réclamant. Dans un cas comme dans l'autre, le jugement n'existe plus en ce qui concerne le condamné, et les principes absolus de la législation exigent le retrait du bulletin. Il n'était pas besoin de s'en expliquer ou, si l'on voulait pousser à l'excès la prudence, il fallait laisser ce soin au règlement d'administration publique. Le législateur pourrait, avec plus de raison, prescrire la destruction par les soins du parquet des bulletins n° 1 concernant les individus décédés et les octogénaires, car ce retrait, ordonné aujourd'hui par des circulaires, ne serait plus régulier, la loi, qui ordonnera désormais le classement des bulletins, ayant seule autorité pour leur extraction.

SECTION II. — **Casier politique.**

Il importe que les individus frappés de déchéance électorale soient effectivement écartés du scrutin : aussi a-t-on établi en 1874 la règle que tout jugement entraînant incapacité politique ferait l'objet d'un duplicata de bulletin n° 1 envoyé au préfet ou au sous-préfet du lieu de naissance du condamné. Dès réception le destinataire avise le maire du domicile, et classe le bulletin pour le consulter au besoin. Ce système est triplement vicieux. Il nécessite en effet l'intermédiaire inutile du préfet ou du sous-préfet, établit une succursale du casier judiciaire

expressément celle résultant d'un arrêt de justice, puisque les autres, instituées par le projet ou par l'article 4 de la loi du 26 mars 1891, ont lieu de plein droit. Enfin la relégation pouvant être remise par acte administratif aussi bien que par jugement, on aurait dû, sur ce point, user du mot générique de *décision*. De tels détails importent à la clarté d'une loi.

qui, n'étant pas gérée en fait par le fonctionnaire administratif, se trouve remise à la discrétion d'employés de bureau non
assermentés et sans attache officielle, et se prête enfin avec trop
de facilité aux divulgations fâcheuses. — L'article 5, § 2, du
projet du Sénat se borne à prescrire l'envoi d'un duplicata « à
l'autorité administrative du domicile de tout Français ou de
tout étranger naturalisé », ce qui ne corrige rien et ajoute même
aux imperfections anciennes. L'expression « autorité administrative » est en effet trop vague, et le mot « domicile » insuffi-
sant, car ce qui importe ici, c'est le domicile électoral et nul
autre. Il est inutile encore de distinguer entre les français d'origine et les naturalisés, puisque les uns et les autres sont pour-
vus de droits politiques, et même d'employer la qualification de
français, les étrangers n'étant jamais électeurs. Nous voudrions
que le texte fût ainsi rectifié : « En cas de condamnation priva-
tive du droit de vote, le maire du domicile électoral connu ou
présumé est informé par un simple avis revêtu des signatures
du greffier et du procureur de la République, et relatant, à l'exclusion absolue de toutes autres mentions, l'état civil, la pro-
fession et le domicile de la personne visée, l'attestation de la
déchéance, son point de départ et sa durée. » Le maire ren-
verrait au parquet un récépissé-talon ou retournerait le tout,
avec les renseignements en son pouvoir, si le domicile électoral
n'était pas dans sa commune. Au cas où l'on supposerait au condamné plusieurs domiciles électoraux, il y aurait autant d'avis
donnés. Si enfin le siège du droit de vote demeurait inconnu,
l'avis, accompagné des pièces justificatives des recherches, serait classé au greffe. Il incomberait plus tard au condamné am-
nistié, réhabilité de droit ou par arrêt de justice, de provoquer,
en s'adressant au parquet, l'envoi au maire de son domicile
politique d'un contre-avis portant seulement que l'intéressé
jouit de ses droits électoraux. Ces détails d'exécution sont d'ailleurs du ressort du Conseil d'État.

SECTION III. — Casier militaire.

Une circulaire du 19 février 1874 avait ordonné l'envoi aux

bureaux de recrutement de duplicatas concernant les individus soumis au service militaire à un titre quelconque et condamnés à l'emprisonnement. Il s'agissait d'assurer l'exécution de la loi du 27 juillet 1872 qui déduisait du nombre des années de service dues à l'État le temps passé en prison, et excluait de l'armée certains condamnés. Ces prescriptions ont été abolies par la loi du 15 juillet 1889, mais l'institution est demeurée, et avec raison, car l'autorité militaire a le plus sérieux intérêt à connaître les tares morales des hommes à sa disposition, ne serait-ce que pour empêcher des promotions regrettables, provoquer la cassation de gradés devenus indignes, et mettre à part les individus dont le contact serait humiliant ou dangereux pour leurs camarades. On se borne toutefois à signaler les peines corporelles, ainsi que les déclarations de faillite. Le texte adopté par le Sénat (article 5, § 1) va beaucoup plus loin puisqu'il embrasse toutes les condamnations, les faillites, les liquidations judiciaires, et les destitutions d'officiers publics ou ministériels. Ce serait, à notre avis, un véritable abus qui augmenterait sans profit le travail des greffes et encombrerait inutilement les bureaux de recrutement, tout en grevant le trésor du coût de bulletins sans valeur. Il faudrait ajouter un alinéa exceptant les délits contraventionnels, politiques ou de presse, ainsi que les simples amendes encourues pour faits étrangers à la probité et aux bonnes mœurs. Pour ces dernières la sélection est facile, et les magistrats du parquet, guidés au besoin par une circulaire ministérielle, s'en acquitteraient aisément. En ce qui concerne l'armée de mer, les prescriptions en vigueur, devançant la réforme sénatoriale, exigent qu'on signale toutes les condamnations quelles que soient leur ca use et leur nature. Sur ce point naturellement, et pour les raiso ns déduites plus haut, nous observerions les mêmes restrictions.

CHAPITRE II. — EXTRAITS DU CASIER JUDICIAIRE

Sous le régime actuel les extraits du casier judiciaire sont tous dénommés bulletins n° 2, bien qu'ils présentent parfois de légères différences tenant à la qualité des personnes qui les demandent.

Le Sénat, faisant un premier effort pour atténuer les inconvénients d'une trop grande divulgation des fautes, a institué deux sortes d'extraits, dits bulletins n° 2 et bulletins n° 3, qui forment la matière des articles 4, 6, 7, 8, 9 et 12 de son projet.

SECTION I. — Bulletins n° 2.

Le bulletin n° 2 sera, comme aujourd'hui, le relevé intégral des bulletins n° 1 applicables à la même personne (1). Mais cet extrait, condensant toute la puissance du casier, ne saurait être mis aux mains des particuliers ; aussi le Sénat l'a-t-il réservé aux besoins de l'État, et, partant de ce point de vue, il a divisé en deux classes les personnes publiques qui pourront le retirer. Les magistrats du parquet et de l'instruction forment la première catégorie, ils n'auront aucune justification à faire pour consulter le casier. Les autres personnes, limitativement énumérées, devront fournir un motif déterminé. Le principe est juste assurément, mais combien imparfaite son application ! La première classe est incomplète et mal définie, nous la préciserions ainsi : « les ministres, le grand chancelier de la Lé-

_____

(1) Le texte ajoute que s'il n'existe pas de bulletins n° 1 au casier judiciaire, le bulletin n° 2 portera la mention : « Néant ». Est-il besoin de remarquer l'inutilité de cette prescription, en tout cas réglementaire par essence ?

gion d'honneur, le préfet de police, les procureurs généraux et les procureurs de la République, les juges d'instruction, les commissaires du gouvernement et les rapporteurs près les conseils de guerre ». Quant à la seconde classe, variable suivant les intérêts de l'État et les modifications de l'organisme gouvernemental et administratif, il est impossible d'en donner une énumération définitive, et, cela fût-il praticable, qu'il faudrait se garder de le faire, puisque la nomenclature résultant de la loi ne pourrait être complétée ou changée que par une loi. La solution pratique serait donc ici de renvoyer à un décret en Conseil d'État le soin de désigner « les autres représentants des administrations publiques de l'État qui, pour des motifs limitativement déterminés, auront le droit d'obtenir la délivrance de bulletins n° 2 ». — Au surplus, abstraction faite de cette critique, le texte du Sénat devrait encore être modifié. Actuellement les engagés volontaires fournissent eux-mêmes leur bulletin n° 2, et, malgré la rédaction de l'article 4, on peut soutenir qu'il n'y aura rien de changé à cet égard. Or, celui qui sera sollicité d'employer un homme en âge de s'engager l'invitera à demander un bulletin n° 2 pour service militaire, et éludera ainsi l'emploi du bulletin n° 3. Si l'on devait maintenir la disposition proposée, il faudrait prescrire que le bulletin n° 2 sera, en ce cas, envoyé directement par le parquet au bureau de recrutement. Une solution analogue s'imposerait en ce qui concerne les déclarations d'ouverture d'écoles privées pour lesquelles le bulletin n° 2 est produit par le candidat, et la plupart des demandes d'emplois publics. — Remarquons enfin que le projet viole sa propre règle en instituant pour l'exercice des droits politiques un bulletin n° 2 incomplet. Mieux vaudrait, si le système voté devait prévaloir, prescrire la délivrance en ce cas d'une attestation semblable à celle que nous avons proposée à la section II du premier chapitre.

SECTION II. — Bulletins n° 3.

§ 1. — Publicité du casier judiciaire.

Créé dans un sentiment élevé de sauvegarde sociale, le casier a aussitôt dévié de son but par la faculté donnée à toute personne d'en retirer des extraits. La circulaire organique du 6 novembre 1850, vantant avec une aveugle imprévoyance les prétendus bienfaits de cette publicité, s'applaudissait même du « châtiment terrible » (et d'ailleurs parfaitement illégal) qu'elle allait infliger au coupable. Erreur funeste qui faillit compromettre l'institution ! La malveillance et l'indiscrétion produisirent en effet de tels abus qu'on a dû, par la suite, réserver à chaque personne le droit exclusif d'obtenir le bulletin la concernant. Mais, comme toute demi-mesure, cette solution, loin de supprimer le mal, s'est révélée presque aussi pernicieuse que le système primitif. Si un tiers ne peut plus aujourd'hui conserver et colporter le relevé officiel des antécédents judiciaires de son ennemi, celui qui prétend demander au travail ses moyens d'existence doit souvent produire un bulletin n° 2, et la concurrence pour la vie est si âpre que la moindre condamnation donne prétexte à refus. L'usage d'exiger la production d'un extrait du casier est tellement dans les mœurs que l'on prévoit l'époque où l'on n'engagera plus un domestique, un journalier même, sans cette précaution. Pour le montrer, il suffit de remarquer que le nombre des bulletins n° 2 délivrés annuellement à des particuliers s'est accru de 84.746 en 1873 à 153.921 en 1889, date de la dernière statistique de ce genre communiquée par la Chancellerie. Combien de ces extraits, qui ne portaient pas la mention : *néant*, ont été cause de refus de travail, trop souvent injustifiés ? Et combien de malheureux, frappés de condamnations peut-être insignifiantes, ont jugé inutile de retirer le bulletin qu'on leur réclamait ? Combien d'infortunés enfin ont été rejetés à la misère, au vice et au crime, par cet impitoyable système ?

Personne absolument ne nie l'énormité du fléau ; mais les partisans de la publicité s'en tiennent à deux raisons : l'habitude prise et un sentiment d'honnêteté publique (1). Sur le premier motif, nous ferons seulement remarquer que les commodités du public ne sauraient prévaloir contre la nécessité

(1) **Rapports de M. le conseiller d'État Jacquin et de M. le sénateur Godin.**

urgente de supprimer un péril social évident. Et quant au second argument, nous avouons ne le point comprendre. Assurément il serait malhonnête d'affirmer à un patron qu'un repris de justice n'a jamais été condamné, et les gens très scrupuleux pourraient même, à ce point de vue, repousser le moyen consacré cependant par le projet qui consisterait à omettre sur les extraits certaines catégories de jugements. Mais en quelle façon l'État manquerait-il de délicatesse, s'il refusait aux particuliers des renseignements recueillis pour lui seul ? Il faudrait alors généraliser, et contraindre toutes les administrations publiques à ouvrir leurs dossiers, sans exception, au premier venu. Qui ne voit d'ailleurs que le principe de la publicité conduit à se reposer exclusivement sur les indications du casier, et favorise l'iniquité ? Tel patron refusera un malheureux, condamné à l'amende pour un fait de chasse ou à l'occasion d'une rixe insignifiante, qui recevra l'individu sans honneur, mais assez habile pour avoir échappé à la justice. Bornons-nous donc, pour le moment, à constater la pauvreté des raisons invoquées en faveur de la publicité, et demandons énergiquement que le casier soit fermé aux particuliers (1).

Placé entre deux principes opposés, le Sénat les a fondus en une conception mixte qui n'est ni la publicité intégrale ni le secret, et dont l'économie comporte ces trois données essentielles que nous allons étudier : omission de certaines condamnations sur les extraits délivrés aux parties, prescription du casier judiciaire, réhabilitation de droit.

§ 2. — Extraits délivrés aux parties.

L'article 6 est ainsi conçu : « Un bulletin n° 3 peut être réclamé par la personne qu'il concerne. Il ne doit, dans aucun cas, être délivré à un tiers. » C'est le maintien du secret pour tout autre que pour l'intéressé, et l'on doit louer la précision du texte. — Une exception cependant s'impose au profit des

____

(1) Nous avions déjà défendu cette thèse, en 1893, dans les *Considérations sur la récidive* placées en tête de notre commentaire de la loi du 26 mars 1891. Depuis, la section de législation du Conseil d'État, MM. les sénateurs Bérenger et Cazot l'ont soutenue avec plus d'autorité, mais sans meilleur résultat, du moins jusqu'à ce jour.

personnes investies de la puissance paternelle ou tutélaire sur les mineurs de vingt et un ans et les interdits : le législateur devra la formuler en termes exprès.

Quelles décisions relatera le bulletin n° 3 ? Problème insoluble, par où se manifeste avec évidence l'infériorité du système mixte qui a prévalu ! Si le bulletin n° 2 actuel ne gênait que les individus irrémédiablement déchus, ses inconvénients seraient en somme négligeables ; mais on a constaté que la révélation des fautes infimes provoque trop souvent des refus de travail, et conduit certains misérables aux pires catastrophes. Le Sénat a donc pensé qu'en cachant aux tiers les infractions de ce genre, il ne les tromperait pas vraiment, et qu'il favoriserait d'autre part toute une catégorie intéressante de condamnés. Mais c'était entreprendre une tâche impossible ; car la gravité d'une condamnation est chose essentiellement relative, indépendante le plus souvent et du taux de la répression et de la nature du délit, du moins aux yeux des tierces personnes. Une simple amende, motivée par un outrage aux mœurs, n'est pas à considérer pour l'emploi de berger, de journalier, mais il en va tout autrement s'il s'agit des fonctions de domestique attaché à la personne, de précepteur, d'institutrice. Et la connaissance d'une peine de vingt-quatre heures de prison, même conditionnelle, pour vol, escroquerie, abus de confiance, n'importe-t-elle pas à celui qui dispose d'un emploi de comptable ou de régisseur ? Ces exemples, susceptibles de multiplication presque infinie, prouvent qu'en cette matière il n'est pas de sélection possible, sous peine de graves responsabilités morales, et cela parce que le législateur, appréciant les culpabilités à un point de vue forcément absolu, ne saurait affirmer que le secret gardé sur un jugement d'aspect insignifiant ne sera pas quelque jour pour un tiers une source de préjudice essentiel. Que penser dès lors du reproche fait au système de la non-publicité de pousser le demandeur d'emploi, interpellé sur ses antécédents, à nier les condamnations qu'il a pu encourir ? Car on l'a proclamé : « La clandestinité, c'est l'excitation au mensonge par la loi elle-même (1). » Bien naïf d'abord celui qui se fierait en cette ma-

(1) Rapport de M. le conseiller d'État Jacquin.

tière aux seules déclarations de l'intéressé ! Et puis, il faut le dire, l'objection est inattendue dans un rapport concluant à la création, à l'usage des particuliers, d'un extrait incomplet ; car, avec le bulletin n° 3, il y aura intérêt aussi à demander au solliciteur s'il n'a pas subi quelqu'une des pénalités omises. C'est donc encore la loi qui poussera au mensonge, mais avec cette lourde aggravation qu'elle en donnera elle-même l'exemple. Qu'y gagnera la morale ? De deux choses l'une, ou l'on fera crédit au bulletin n° 3, avec le plus grand risque d'être trompé, ou bien, averti de ses lacunes possibles, on lui refusera toute importance. — De quelque manière qu'on l'envisage, la nouvelle institution apparaît pleine de périls, et nous voudrions espérer encore que le Parlement, mieux avisé, se prononcera pour le secret absolu du casier.

Passant ensuite aux applications de la règle posée, l'article 7 du projet sénatorial énumère les décisions qui devront être omises sur le bulletin n° 3. Adversaire de l'existence même de ce bulletin, nous négligerons les lacunes de cette nomenclature pour nous borner à la critique des points traités.

La première exclusion concerne les jugements prononcés contre des mineurs de seize ans par application de l'article 66 du code pénal. Elle est de toute justice, ces décisions n'étant que de simples avertissements ou des mesures d'éducation, qu'on a toujours distinguées avec un soin extrême des condamnations proprement dites.

Viennent ensuite les condamnations effacées par la réhabilitation ou par l'application de l'article 4 de la loi du 26 mars 1891, ce qui n'est qu'une consécration de la législation actuelle.

La troisième exception se réfère aux condamnations prononcées en pays étranger pour des faits non prévus par les lois pénales françaises, ce qui revient à dire que le bulletin n° 3 mentionnera les peines encourues à l'étranger pour infractions également réprimées en France. Nous n'hésitons pas à déclarer cette disposition inacceptable comme contraire aux principes essentiels du droit public. — Que le gouvernement s'assure la connaissance des infractions commises au delà des frontières par ses nationaux, et qu'il en garde note au casier, à titre de purs renseignements et pour la seule édification de la justice, rien de plus raisonnable. Mais qu'une condamnation étrangère figure sur le bulletin n° 3 d'un français, voilà ce que l'on ne peut admettre. Comment l'autorité française se porterait-elle garante de la décision d'un tribunal organisé et recruté en dehors d'elle, observant une procédure autre que la sienne et statuant sur des preuves qu'elle n'a pas vérifiées ? J'entends bien que l'échange des bulletins n'a lieu qu'avec les puissances dont l'organisation judiciaire est sérieusement réglée ; mais encore faut-il tenir compte de froissements internationaux trop fréquents, de la différence de tempérament des peuples, du fait enfin que si un tribunal juge bien ses nationaux parce qu'il peut en connaître sans peine le caractère, l'honorabilité et les antécédents, il n'en est plus tout à fait de même quand on lui présente des étrangers. Ne voit-on pas aussi l'injuste supériorité qu'on accorderait à l'étranger, produisant en France un casier vierge des condamnations encourues en son pays, tandis que le français verrait figurer à la fois sur son bulletin n° 3 et les jugements français et les jugements étrangers ? Et pour les institutions nouvelles de la prescription du casier judiciaire et de la réhabilitation de droit qui exigent le paiement préalable de l'amende et l'exécution complète de la peine corporelle, exigera-t-on que le français fasse ces justifications, qu'il retourne au besoin à l'étranger pour payer ou subir la peine encourue ? Cette exigence est pourtant imposée par la lettre du texte voté puisque, à la différence de la pratique actuelle, les jugements dont nous parlons devront être portés sur le bulletin n° 3, et que désormais la seule volonté de la loi pourra les en écarter. Faut-il remarquer encore qu'aux termes de la disposition votée, on devrait mentionner toutes les condamnations étrangères pour faits prévus par les lois pénales françaises, ce qui comprendrait même les délits politiques ? Et qu'on ne se hâte pas trop de protester. Les jugements de cette nature ne font pas, cela est vrai, l'objet d'un échange de bulletins, mais comment définira-t-on le caractère politique d'une infraction ? On connaît les difficultés que soulève la question en matière d'amnistie. Ne sait-on pas au surplus que certaines condamnations pour délits de droit commun, pour outrages notamment et pour violences, peuvent déguiser de véritables poursuites politiques ? Comment s'y reconnaîtra-t-on, au regard de la seule qualification strictement légale du fait puni ? Devons-nous enfin indiquer que la mention d'un jugement sur le bulletin n° 3 constitue une sorte d'exécution de cette décision, tout au moins une manifestation de son autorité, et que cependant les sentences pénales étrangères sont dépourvues de toute autorité en France contre nos nationaux ? Nous n'insisterons pas davantage pour la suppression nécessaire de ce paragraphe.

Le projet vise ensuite les condamnations pour délits prévus par les lois sur la presse, à l'exception de celles prononcées pour diffamation ou pour outrages aux bonnes mœurs, ou en vertu des articles 23, 24 et 25 de la loi du 29 juillet 1881. Certes nous comprenons qu'on mentionne les condamnations motivées par des outrages aux bonnes mœurs et par les graves délits que prévoient les articles susvisés de la loi de 1881 ; mais pourquoi cette sévérité à l'égard des diffamations ? Ces délits sont sujets à une répression fort inégale, très accidentelle même. Commis par la voie de la presse, on les poursuit rarement en cour d'assises, et si le tribunal correctionnel a compétence, la preuve est généralement interdite, ce qui diminue dans une large mesure la valeur morale des peines infligées. Nous voudrions donc que les condamnations pour diffamation fussent exclues du bulletin n° 3, au moins dans les cas où la preuve n'est pas autorisée. Si toutefois le paragraphe devait être maintenu en son entier, il serait juste d'ajouter à ses prévisions l'offense envers le Président de la République. Cette qualification embrasse en effet la diffamation, tout comme l'outrage et l'injure.

Le paragraphe 5 excepte encore une première condamnation, prononcée par application des articles 67, 68 et 69 du code pénal, à un emprisonnement de trois mois ou de moins de trois mois, ce qui embrasse sans doute les jugements à l'amende seule. Comme nous l'avons dit dans nos *Considérations sur la récidive*, citées plus haut, les mineurs de seize ans (et même de vingt et un ans) ne devraient jamais être de véritables inculpés, mais bien plutôt les pupilles de droit des tribunaux et, en cette qualité, passibles de simples mesures plus ou moins sévères de protection et d'éducation. Aussi proposerons-nous d'étendre l'exception de ce paragraphe à tous les mineurs de seize ans, quel que soit le quantum et le nombre des condamnations prononcées.

Arrive maintenant « la condamnation avec sursis à un mois ou moins d'un mois d'emprisonnement avec ou sans amende » (ou à l'amende seule, ce qui ne fait pas difficulté). C'est une modification apportée à l'article 4 de la loi du 26 mars 1891, mais elle ne suffit pas. Nous avons jadis émis la pensée que les condamnations conditionnelles ne devraient en aucun cas paraître sur les extraits délivrés aux parties (*loc. cit.*), aussi voudrions-nous voir supprimer la restriction déduite par le Sénat du taux de la peine. — Une observation encore. Le texte primitif portait : « les condamnations avec sursis....» ; mais il a été rectifié en séance sur la remarque du rapporteur qu'il ne peut y avoir qu'une première condamnation avec sursis, Or, c'est là une erreur absolue. Un prévenu peut être indéfiniment condamné à l'amende avec sursis, s'il n'a pas été frappé d'emprisonnement pour crime ou délit de droit commun (article 1er de la loi du 26 mars 1891). De même le sursis serait légalement accordé au condamné à l'emprisonnement conditionnel, poursuivi ensuite pour un fait antérieur à la première infraction ou commis avant la date d'irrévocabilité de la précédente sentence. Ces solutions sont constantes, et l'on en doit conclure que, pour l'exactitude des termes, il faudrait rétablir la rédaction primitive.

Il n'y a rien à dire sur le paragraphe 7 prescrivant l'omission des déclarations de faillite, si le failli a été déclaré excusable par le tribunal ou a obtenu un concordat homologué, et des déclarations de liquidation judiciaire. Cela ne peut qu'être approuvé.

Terminons en indiquant que si, comme nous le demandons, on établissait des bulletins n° 1 pour toutes les condamnations disciplinaires des officiers publics ou ministériels, il serait équitable de ne porter que les destitutions sur les extraits remis aux parties.

§ 3. — **Prescription du casier judiciaire.**

Par cette expression, dont la commodité excuse l'inexactitude, on a désigné la nouveauté de l'article 8 qui consiste à délivrer aux condamnés, après une période révolue sans autre accident judiciaire, des bulletins n° 3 purgés de certaines mentions. M. le sénateur Bérenger a tenté de la justifier en disant que « la peine accessoire, réellement créée par le casier, ne saurait être perpétuelle alors que la peine principale n'est que temporaire (1) » ; mais l'argument n'est pas sans réplique, et l'on pourrait citer par exemple la déchéance électorale perpétuelle, attachée parfois à l'emprisonnement de courte durée, même à une simple amende, par le décret du 2 février 1852, et que la prescription du casier n'atteint pas. C'est encore en vain que l'éminent auteur de la loi de sursis, désireux de fonder le système sur une donnée à peu près juridique, a soutenu que « tout peut se prescrire en ce monde » (1), car le projet même du Sénat exclut de ses bienveillantes prévisions nombre de condamnations multiples, la dégradation civique, les faillites et les destitutions d'officiers ministériels. Il est plus exact, croyons-nous, de voir dans la prescription du casier un simple moyen, quelque peu empirique, imaginé par le Sénat pour atténuer les pernicieuses conséquences du bulletin n° 3. Par malheur, les bienfaits relatifs de cette création sont en partie compensés par la complication d'un mécanisme dont nous allons maintenant étudier les éléments.

Période d'épreuve. — La prescription du casier étant une récompense ne sera acquise qu'après un délai d'un an à quinze ans, suivant la nature, l'importance et le nombre des condamnations encourues. Le terme minimum, inférieur même à celui de la prescription des peines de simple police, est visiblement trop court et ne saurait jamais constituer une épreuve sérieuse ; car il faudrait en vérité une indulgence fort proche de la fai-

(1) Séance publique du 8 décembre 1898.

blesse pour reconnaître quelque mérite à celui qui veut bien se borner à un seul délit dans l'année. Le délai le plus favorable devrait être porté à trois ans au moins. — Un alinéa spécial décide qu'il ne sera pas dérogé à l'article 4 de la loi du 26 mars 1891, ce qui est juste, le sursis, faveur toute particulière, ayant son économie propre à laquelle il serait imprudent de toucher.

Point de départ du délai. — C'est ici que commencent les complications. On a voulu que le condamné achetât la prescription du casier non seulement par le respect temporaire de la loi pénale, mais aussi par sa soumission au jugement ; d'où la nécessité de fixer le point initial de la période au terme effectif de la peine corporelle ou au jour du paiement de l'amende (les pénalités accessoires étant avec raison négligées). Il faudra donc, à l'avenir, marquer au bulletin n° 1 l'expiration de l'emprisonnement et le versement de l'amende. Or, au moment de la rédaction de ce bulletin n° 1, la peine corporelle ne sera souvent ni terminée, ni même commencée, et l'obligation naîtra d'envoyer plus tard une note au greffier du lieu d'origine du condamné. On devra aussi faire inscrire les évasions et réincarcérations, les dates précises d'exécution des grâces et des libérations conditionnelles, quelquefois même, on le verra, celle de la contrainte par corps. Pour l'amende, le percepteur adressera des lettres d'avis au parquet. Est-on bien sûr que d'aussi minutieux détails pourront être exactement observés, malgré toute la bonne volonté des parquets, des greffes et des agents du trésor, et la lourde tâche qu'on leur impose sera-t-elle compensée par la médiocrité certaine des résultats ? A cette question, le rapport de la commission sénatoriale a répondu que les difficultés à prévoir ne sauraient être une considération de nature à empêcher toute réforme. L'argument n'est pas concluant et l'on aurait dû, à notre sens, écarter ces difficultés et réaliser une plus grande réforme en maintenant le bulletin n° 3 dans le néant où il gisait. — Il est certain, par exemple, que la mention d'exécution n'intéressera pas les bulletins n° 1 déjà classés, et que les parties seront tenues aux justifications nécessaires si elles prétendent, dans ce cas spécial, bénéficier de la prescription du casier. — Le projet édicte avec raison que la remise totale ou partielle par voie de grâce équivaudra à l'exécution totale ou partielle de la peine, en ce qui concerne l'article 8, et que la contrainte par corps suppléera de même au paiement de l'amende. Ce dernier point soulève toutefois une difficulté dont les auteurs de la réforme ne semblent pas s'être aperçus, et qui, étant commune à la matière de la réhabilitation de droit, sera examinée plus loin (1).

Mentions susceptibles de prescription. — Le Sénat avait ici le choix entre deux moyens : considérer le caractère du fait réprimé ou se baser sur la nature et la quotité des peines. Dresser par ordre d'importance la liste complète des infractions était chose impossible, d'autant plus qu'il eût ici fallu tenir compte de la nature de la faute et du taux de la répression. C'était une voie sans issue, aussi a-t-on préféré comme base exclusive la quotité des peines infligées. Il est admis en outre que seule peut être prescrite la condamnation unique, exception faite toutefois pour les peines successives dont le total n'excède pas une année d'emprisonnement ou ne s'élève pas au-dessus de l'amende, et que la prescription couvre dix années révolues après le terme de la dernière peine ou le paiement de la dernière amende. Tout cela se comprend assez, eu égard à la nécessité de restreindre les inconvénients du bulletin n° 3 ; mais il y a forcément quelque arbitraire dans la détermination des catégories respectivement soumises à la prescription de 1, 5, 10 et 15 ans. Il se produira même des résultats singuliers, peu équitables, comme on doit s'y attendre en toute matière traitée sans principes rigoureux. Peut-être faut-il en somme s'en réjouir ; car le bulletin n° 3, suspect des omissions autorisées par les articles 7 et 8, ne peut que se discréditer bien vite et démasquer son vice originel. — Remarquons encore, avant d'en finir sur ce point, que le paragraphe 4 de notre article gagnerait à être précisé et surtout complété. En spécifiant la prescription pour la condamnation unique supérieure à deux ans de prison, on aurait dû ajouter : « ou de travaux publics (2),

(1) V. chapitre III.
(2) Une lacune pareille existe au paragraphe 3 de cet article, qui omet la condamnation à deux ans de travaux publics.

à la réclusion, à la détention ou aux travaux forcés à temps ».
Le projet vise en effet, sans conteste, les condamnations militaires comme les autres, ainsi que les pénalités supérieures à
l'emprisonnement dans l'échelle légale. De même le sort des
condamnés à la dégradation civique devrait être réglé en termes
exprès, et le point de départ du délai, en ce qui les concerne,
fixé par une disposition copiée sur le paragraphe 2 de l'article 620 du code d'instruction criminelle. On peut également
se demander s'il est bien juste de refuser aux greffiers et officiers publics ou ministériels destitués, et aux faillis non excusés ou sans concordat, le bénéfice d'une sollicitude qu'on prodigue à des forçats libérés. — Pourquoi aussi énoncer en tête
de l'article qu'il s'agit du bulletin n° 3 « délivré au simple particulier » ? Ces derniers mots sont de trop.

Par une sévérité inattendue l'article 9 décide qu'en cas de
condamnation ultérieure à une peine autre que l'amende, le
bulletin n° 3 reproduira intégralement les bulletins n° 1, à
l'exception de ceux visés aux paragraphes 1, 2, 3, 4 de l'article 7. C'est peut-être bien un frein de quelque utilité, mais qui
vient encore compliquer le travail des parquets et des greffes,
et dont le vice capital est de faire échec aux règles de la prescription en matière pénale. Il est de principe général que le
bénéfice d'une prescription ne peut être enlevé à l'intéressé
contre sa volonté, et même, dans la législation répressive, cet
avantage est d'ordre public. On ne saisit pas la nécessité d'une
infraction à cette règle essentielle : c'est une rigueur inconcevable parmi tant de bontés, si l'on réfléchit surtout que la déchéance pourra résulter d'un délit insignifiant commis après
de longues années. Une condamnation à vingt-quatre heures de
prison pour rixe, quinze ou dix-huit ans après la sortie du bagne ou de la maison centrale ! N'est-ce pas vraiment inique, et
l'article n'est-il pas à supprimer sans hésitation ? Tout au moins
faudrait-il éliminer, en cas de déchéance, la totalité des infractions prévues par l'article 7, et les décisions disciplinaires dont
les effets sont arrivés à leur terme. Et l'on devrait surtout réserver aux seules condamnations de droit commun, à l'exception des matières fiscales, politiques ou de presse, la puissance

d'abolir la prescription acquise du casier. Mais pourquoi insister sur une disposition que le Parlement, mieux éclairé, ne manquera pas assurément de répudier?

Etrangers. — A l'institution du bulletin n° 3 se rattache l'article 12 du projet, suivant lequel l'étranger n'aura droit aux dispenses d'inscription sur ce bulletin (le texte porte par erreur : bulletin n° 2) que si, dans son pays d'origine, une loi ou un traité réserve aux condamnés français des avantages analogues. Nous avons vainement cherché le motif de cette restriction. L'étranger, soumis aux lois pénales de notre pays, n'en supporte-t-il pas les entières rigueurs, et ne doit-il pas dès lors en recueillir tous les bénéfices? N'est-ce pas au surplus l'esprit invariable de notre législation, qui admet les étrangers aux remises de peines, à la libération conditionnelle, au sursis, à la réhabilitation, à la prescription de l'action publique et du jugement? Pourquoi leur imposer l'influence des lois de leur nation, qui ne les régissent plus en fait, dans une matière où la conduite personnelle est seule à considérer? Ne voit-on pas aussi les difficultés d'application? Il faudrait établir une liste officielle des analogies, travail manifestement impossible à cause de la diversité des législations, et qui conduirait au plus pur arbitraire. Qu'on supprime donc cet article, difformité étrange d'une loi de générosité et de pardon.

CHAPITRE III. — RÉHABILITATION DE DROIT

Prononcée par décret, après enquête sévère, la réhabilitation
fut dans le principe une marque de bienveillance rarement
accordée, et les bénéficiaires pouvaient, à juste titre, forcer
l'estime de leurs concitoyens. Cette rigueur se relâcha par la
suite, sous la poussée de l'opinion et de l'évolution des mœurs.
De la sorte fut préparée la réforme de 1885 qui, réservant la
réhabilitation au domaine exclusif de la justice, en facilita sin-
gulièrement l'accès, au point que le rapporteur de la loi à la
Chambre put dire sans exagération trop forte que la réhabilitation avait « cessé d'être une faveur pour devenir un droit ».
Aussi n'est-elle presque plus qu'une formalité, tant est minime le
nombre annuel des refus. — Le projet fait un nouveau pas dans
la voie tracée. Désormais plus d'enquête, plus de titres à fournir ; par cela seul que certains condamnés auront vécu 10, 15
ou 20 ans sans mériter une privation de liberté, ils seront ré-
habilités de droit, les dispositions du code d'instruction criminelle n'étant maintenues pour eux que comme facilités éven-
tuelles plus grandes. Ainsi se trouverait atteinte d'un coup
mortel l'ancienne réhabilitation, si hautement moralisatrice en
son principe, car, on ne saurait le nier, la réforme n'est
qu'amorcée et prépare les esprits à la réhabilitation de droit de
tous les condamnés sans exception. Que reproche-t-on pourtant
au système actuel ? Il exige, dit-on, de fâcheuses enquêtes dont
les plus sûrs résultats sont de rappeler les fautes oubliées,
de réveiller la suspicion et d'enlever par là au condamné re-
pentant le fruit de méritoires efforts. Mais ne serait-il pas facile
de porter remède à cette situation, manifestement exagérée, en
renonçant aux avis de caractère administratif pour se borner à

des investigations personnelles et discrètes que l'on confierait aux juges de paix, aux procureurs de la République et aux présidents des tribunaux ? Pour l'exercice des droits politiques, ne faudra-t-il pas toujours que les maires ou les commissions de révision reçoivent un document officiel qui, en constatant la capacité, révélera l'indignité antérieure, si toutefois celle-ci a pu demeurer cachée en ce temps de luttes ardentes où chaque parti recherche et fait inscrire, même d'office, les citoyens qui lui paraissent favorables ? Ne voit-on pas aussi que la réhabilitation de droit, comme le bulletin n° 3, n'agissant qu'après la période vraiment difficile qui suit la condamnation, est une mesure tardive et inutile, et que mieux vaudrait secourir le condamné dès qu'il a satisfait au jugement ? Et qu'on ne nous oppose pas l'exemple tiré de la loi de sursis ! En ce cas, le juge a constaté dès le début le peu d'immoralité du fait et de l'agent, et l'on conçoit dès lors qu'il suffise pour la réhabilitation de quelque temps passé sans rechute ; mais cette condition purement négative ne saurait prévaloir en toute autre espèce, car, il ne faut pas l'oublier, la réhabilitation de droit ne s'applique pas seulement aux peines légères, mais à l'emprisonnement de longue durée, à la réclusion, à la détention, aux travaux forcés. Est-il bien nécessaire d'indiquer que le principe nouveau sera fécond en conséquences peu équitables ? Un criminel, souillé d'actes odieux, fuira hors des frontières après sa libération et y demeurera le temps nécessaire. Il recueillera à son retour le profit de la réhabilitation de droit, et pourtant quelle aura été son existence, quelles régions aura-t-il parcourues et quelles condamnations même n'aura-t-il pas subies ? On n'en saura rien, bien plus, la loi, dans son aveuglement, interdira toute recherche. Les mesures si prudentes de l'article 2 § 6 de la loi du 12 mars 1898, inspirées cependant par les situations de ce genre et qu'on aurait pu lui appliquer, n'existeront pas pour lui. Et cet homme qui, peut-être, en des pays lointains, aura poursuivi la série de ses forfaits, sera, dans sa patrie, sur un pied d'égalité civique et sociale avec les condamnés libérés, ses contemporains, qui auront vécu sous le regard de la justice ! Veut-on un autre exemple, aujourd'hui fréquent,

et que multiplierait l'attrait de la réhabilitation de droit ? Un
condamné se fait juger pour un délit ultérieur sous un état civil
usurpé ou imaginaire, et la fraude reste ignorée, soit qu'on ne
l'ait pas soupçonnée, soit pour tout autre motif. Puis les années
s'écoulent et la réhabilitation se trouve acquise un jour, sans
conditions, alors que la moindre enquête, en reconstituant la
vie du coupable, eût sans doute dévoilé le stratagème. La création du bulletin n° 3 enlève d'ailleurs à la réforme son majeur
intérêt puisque, dans un délai plus court, ce bulletin permettra
à la plupart des solliciteurs de produire le titre négatif, indispensable au but qu'ils poursuivent. — Nous préférerions de beaucoup à la théorie nouvelle, qui a au surplus le vice grave d'une
application incomplète et timide, une réhabilitation judiciaire,
sérieuse et discrète, dont l'usage, par le secret enfin imposé du
casier, se réduirait à peu près aux cas de déchéance politique.

Cela dit, étudions le texte voté. Par sa référence à l'article 8
il nous avertit qu'il s'en approprie l'économie générale. Ceux qui
auront déjà bénéficié de la prescription du casier seront donc
seuls admis à la réhabilitation de droit. Il faut décider, pour la
même raison, que la bienveillance sénatoriale protège certains
condamnés à l'amende, à la prison ou à une peine corporelle
plus grave, et repousse les officiers ministériels suspendus ou
destitués, les faillis et les liquidés judiciaires. Ce n'est sans
doute qu'un oubli. L'exclusion des officiers ministériels ne se
justifie par aucun motif. Et si l'on oppose aux faillis que la loi
commerciale a fixé les conditions de leur relèvement, ils peuvent
invoquer l'exemple des condamnés à l'amende ou à une peine
corporelle dont le régime légal se trouve aux articles 619 et
suivants du code d'instruction criminelle, ce qui n'a pas empêché le Sénat de créer à leur profit la faveur plus grande de la
réhabilitation de droit. On ne saurait objecter non plus la pré-
tendue nécessité morale du paiement du passif, alors que cette
rigueur ne s'exerce pas contre le commerçant escroc, faussaire
ou banqueroutier, sorti du bagne ou de la maison centrale, et
assez habile pour avoir évité la déclaration de faillite. Pourquoi,
si l'on entre dans cette voie, n'imposerait-on pas à tout condamné dont la faute aurait causé à autrui un préjudice appré-

ciable en argent, le devoir préalable de désintéresser ses victimes ! Mais ce serait la ruine presque totale de l'institution nouvelle ! — La réhabilitation de droit ne s'étend pas davantage à la dégradation civique. C'est assurément une lacune involontaire à laquelle on remédiera par le moyen déjà indiqué au sujet de la prescription du casier.

En vertu de la référence susindiquée, les délais de la réhabilitation de droit courront de la date de l'expiration de la peine corporelle ou du paiement de l'amende, la grâce totale ou partielle équivaudra à exécution totale ou partielle, et il en sera de même de la contrainte par corps, le tout sans préjudice des effets de la loi de sursis (1). — La disposition touchant la contrainte par corps motive une critique, réservée lors de l'étude de la prescription du casier, mais qu'il importe maintenant de formuler et de justifier. S'agit-il d'emprisonnement ou de toute autre peine corporelle, on peut être certain que le parquet, tenu d'en assurer la prompte exécution, veillera par cela même à ce que le point de départ du délai fixé pour la prescription du casier ou la réhabilitation de droit ne soit pas reculé. Au contraire les condamnés à l'amende, s'ils sont insolvables (les autres ne sauraient évidemment nous intéresser), se trouvent fort mal traités par le projet sénatorial ; car ils n'ont qu'un moyen d'arriver au but, subir la contrainte, et l'emploi de cette mesure est laissé à la discrétion des agents du trésor et des parquets qui peuvent avoir, les uns et les autres, les plus légitimes raisons de s'abstenir. Voilà donc le législateur punissant le pauvre de sa pauvreté ! Ce résultat bien involontaire doit être empêché sans doute, mais comment? Le choix se présente entre deux solutions : reconnaître au condamné insolvable le droit de subir la contrainte, ce qui serait, à notre avis, excessif, ou bien faire courir en sa faveur les délais de la prescription du casier et de la réhabilitation de droit du jour de la prescription de l'amende, ce qui serait équitable et humain, et conforme

______

(1) Nous disons avec intention « les effets », parce que la référence à l'article 8 est ici insuffisante. Ce texte vise l'article 4 de la loi du 26 mars 1891, ce qui est assez pour la prescription du casier ; mais il faudrait de toute évidence, en traitant de la réhabilitation de droit, citer à la fois les articles 1er § 2 et 4 § 2 de ladite loi.

d'ailleurs à la règle édictée en matière de réhabilitation judiciaire. Objectera-t-on que ce moyen forcerait l'intéressé insolvable, désireux de jouir des bienfaits de la loi, à prouver au parquet sa misère, justification peu conforme à l'esprit du projet? Nous répondrons qu'aucune autre solution ne nous apparaît praticable, et qu'il faut avant tout rétablir l'égalité entre le condamné indigent et celui qui possède.— Notre article appelle une autre réserve. Il dénie aux condamnations à l'amende le pouvoir d'interrompre le délai de la réhabilitation de droit, de telle sorte qu'un condamné pour vol à l'emprisonnement ne verrait pas sa situation aggravée, à ce point de vue, du fait d'amendes ultérieurement encourues, même pour vol, escroquerie, usure, outrages aux mœurs, etc. C'est là un résultat choquant, auquel on n'a peut-être pas fait attention, et qu'il faudrait corriger en tenant compte des amendes prononcées à l'occasion de faits contraires aux lois de la morale ou de la probité. On opposera peut-être la difficulté de dresser une liste complète de ces dernières infractions. Le rapporteur au Conseil d'État, s'en expliquant à un autre point de vue, a déclaré que l'entreprise avait échoué, soit devant cette haute assemblée, soit devant la commission extraparlementaire, et que la nomenclature proposée devrait viser au moins cinquante articles du code pénal ou des lois spéciales, sans certitude même de ne rien oublier. Nous pensons au contraire, comme il a été dit plus haut, que cette sélection est chose assez simple, et nous ajoutons qu'elle nous paraît indispensable, dût-on en confier le soin à un règlement d'administration publique, si les dispositions sur la réhabilitation de droit sont maintenues.

A l'heure actuelle, le réhabilité prouve sa capacité électorale par la production d'un bulletin n° 2. Le bulletin n° 3 n'aura pas la même autorité, puisqu'il omettra souvent des condamnations privatives du droit de vote, et, dans les premiers temps même, les maires devront être mis sur leurs gardes. Que feront alors le réhabilité de droit, celui de la loi de sursis, celui du code d'instruction criminelle, désireux de reparaître sur les listes? Le Sénat se fût montré avisé en réglant ce point. Remettre à l'intéressé un bulletin n° 2, qui relaterait désormais toutes

les condamnations y compris celles effacées par la réhabilitation, ou un certificat du greffe attestant la capacité politique,
sont des moyens inadmissibles, car les tiers ne manqueraient
pas de s'en emparer pour dérober, au moins en partie, le secret
du casier. Nous ne voyons qu'un procédé sûr et pratique : 1° demande sur papier libre de l'intéressé au procureur de la République ; 2° établissement au greffe, avec visa du parquet, d'un
certificat gratuit, sans timbre ni enregistrement, présentant
exclusivement l'état civil et la mention de jouissance des droits
politiques ; 3° envoi direct de ce bulletin par le parquet au
maire désigné. De la sorte se trouverait annulé, au point de vue
électoral, le bulletin ou le certificat de déchéance dont il a été
parlé plus haut (chapitre premier, section II). L'initiative serait
ici laissée à la partie, mais il n'y a pas d'autre solution, le greffier ne pouvant chaque jour réviser les milliers de bulletins de
son casier pour découvrir les réhabilitations de droit. Nous ad-
mettons la gratuité par analogie avec la remise gratuite d'un
bulletin n° 2, actuellement édictée au profit du réhabilité judiciaire.

Terminons par une légère critique de texte. La réhabilitation
de droit est, dans l'esprit du législateur, une réhabilitation
partielle en ce sens que le Sénat l'attache aux seules condamnations visées, à l'exclusion des amendes encourues pendant le
délai d'épreuve. La rédaction adoptée gagnerait à être plus pré-
cise, et l'on pourrait, croyons-nous, la remplacer avec avantage
par celle-ci : « Seront considérées comme non avenues, dix ans
après l'expiration de la peine corporelle ou le paiement de l'a-
mende, les condamnations prévues aux paragraphes 1ᵉʳ et 2 de
l'article 8, si, dans ce délai, le condamné n'a subi d'autre pénalité que l'amende. Le délai sera... »

CHAPITRE IV. — INFRACTIONS EN MATIÈRE DE CASIER JUDICIAIRE

Le casier judiciaire, qui révèle les condamnations encourues et constate les récidives, a été, de tout temps, un objet de crainte bien naturel pour les malfaiteurs qui ont tenté d'en éluder la puissance, soit en se faisant délivrer des bulletins n° 2 sous le nom d'un tiers, soit en prenant devant les tribunaux l'état civil de personnes innocentes. Cette dernière fraude surtout, fréquente et dangereuse, devait appeler la sollicitude du Sénat. Aussi le projet présente-t-il à cet égard des dispositions particulières.

Malheureusement le texte porte la marque d'une erreur incompréhensible. L'article 11 §§ 1 et 2 n'a en vue que la répression des fraudes qui motivent indûment « l'inscription d'une condamnation au casier judiciaire d'un tiers » ; or, c'est prendre l'effet pour la cause. Comment arrive-t-on à provoquer la rédaction d'un bulletin n° 1 au nom d'un tiers étranger à la condamnation encourue ? Par un seul moyen : en se faisant condamner sous l'état civil de ce tiers. L'un ne va pas sans l'autre, et le jugement précède l'inscription au casier dont il est la cause déterminante, le préalable immédiat et fatal. D'où succession nécessaire de deux actes de nature juridique très différente, comme on va le voir. Pour arriver à son but, le fraudeur ne peut faire autrement que de donner de fausses indications aux agents verbalisateurs ou enquêteurs, puis, le cas échéant, au procureur de la République ou au juge d'instruction, et enfin au tribunal assemblé. Tout cela, nous n'avons pas à le démontrer, constitue le crime de faux en écritures publiques : il importe de bien le retenir. Mais le jugement une fois rendu, le rôle du condamné est fini et, le voulût-il, qu'il ne pourrait in-

•tervenir dans l'établissement du bulletin n° 1, œuvre exclusive du greffe sous le contrôle du parquet. Que ce second acte soit la conséquence obligée du jugement, c'est ce qu'on ne saurait nier ; mais toute conséquence d'un faux n'est pas forcément criminelle, ni même délictueuse. Ici, le condamné a épuisé, en ce qui le concerne, la matière pénale par le faux perpétré en vue d'arriver au jugement, et l'inscription subséquente au casier ne pourrait faire l'objet d'une imputation distincte sans violation évidente de la maxime : *non bis in idem*. C'est pourtant ce que fait le projet sénatorial qui, pour avoir perdu de vue l'importance légale et exclusive du jugement, a considéré à tort l'inscription au casier comme un délit nouveau, d'ordre spécial, pour lequel il édicte une sanction correctionnelle en laissant à la matière du faux criminel l'acte qui consiste à se faire condamner sous le nom d'un tiers. Par la réserve de poursuites en faux, « s'il y échet », on voit que le Sénat s'est mépris sur les conditions réelles de la fraude, et la preuve en est qu'à la séance du 7 mars 1899, aucun orateur n'est arrivé à présenter l'exemple d'une inscription frauduleuse indépendante d'un faux antérieurement commis. En définitive, dans la situation qui a préoccupé la haute assemblée, il y a toujours un acte coupable, mais il n'y en a jamais qu'un : le faux. La répression est donc assurée, et pas n'est besoin de créer une nouvelle infraction, contraire aux principes essentiels de notre droit, et dont la punition, en raison de la règle du non-cumul des peines, se confondrait toujours avec celle du crime. — Nous pensons toutefois que ce serait le lieu de commencer une réforme urgente. Nos mœurs actuelles, plus indulgentes que le code pénal, trouvent excessives certaines répressions légales et conduisent trop fréquemment le jury au pardon de scélératesses évidentes. Les faux du genre qui nous occupe sont assurément parmi ceux dont la punition est le plus aléatoire, à cause du défaut de proportion entre la criminalité du fait et la peine édictée (travaux forcés à temps !). Aussi souhaiterions-nous que le texte définitif maintînt le taux édicté de six mois à cinq ans d'emprisonnement, mais en visant seulement celui qui se fait condamner sous le nom d'un tiers ou qui, par de fausses déclarations relatives à l'état civil d'un inculpé, aura provoqué un jugement contre ce tiers. — Il serait même opportun de profiter de l'abaissement de la pénalité à la mesure correctionnelle pour en frapper l'individu qui obtient sa propre condamnation sous un état civil imaginaire. Cette supercherie assez fréquente, et qui échappe à la qualification de faux, n'est pas toujours déjouée par le service de l'identité judiciaire et mérite cependant punition. Le rapport au Sénat énonce à la vérité « que l'emploi de ce moyen ne saurait constituer par lui-même un délit » ; mais c'est là, pensons-nous, une simple affirmation dépourvue de base juridique. Comme l'a dit Target dans ses *Observations sur le Code pénal*, « c'est la nécessité de la peine qui la rend légitime ». Or, l'égalité dans le châtiment et l'exacte constatation des récidives comptent parmi les éléments indispensables d'une bonne justice : la fraude signalée fait précisément échec à ce double intérêt social, et c'en est assez pour établir la légitimité de sa répression.

Nous avons considéré jusqu'à présent les fautes imputables aux seuls particuliers ; mais, malgré l'invraisemblance, on doit prévoir le cas du magistrat et du greffier qui, de mauvaise foi, rédigeraient ou feraient rédiger un jugement, une expédition, un extrait, un bulletin quelconque du casier judiciaire, sous le nom d'un autre que le condamné, ou qui délivreraient à dessein un bulletin n° 1 ou n° 2 erroné. Il est entendu que la pénalité adoucie que nous venons de proposer ne serait pas ici à sa place, la qualité de l'inculpé justifiant pleinement l'application des peines du faux.

L'article 11, dans ses minutieuses prévisions, inflige une peine d'un mois à un an d'emprisonnement à celui qui, en prenant un faux nom ou une fausse qualité, se sera fait délivrer le bulletin n° 3 d'un tiers. Le cas se présentera rarement, mais on ne peut que louer la prévoyance du Sénat. Il conviendrait toutefois d'édicter la même pénalité contre celui qui, par un procédé quelconque, modifierait les mentions de son propre bulletin n° 3. Le fait se produit de temps à autre, et malheu-

reusement la peine du faux en écriture publique, seule applicable à l'heure actuelle, en compromet la répression.

Le projet admet enfin le bénéfice de l'article 463 du code
pénal pour les infractions relatives au casier judiciaire. Il n'y
a rien à objecter.

CHAPITRE V. — PROCÉDURE EN RECTIFICATION

Dans son article 14, le projet sanctionne la procédure en usage pour la rectification des jugements ou arrêts entachés d'erreur. L'initiative appartient concurremment à l'intéressé et au ministère public qui adressent requête au président de la juridiction dont émane la décision critiquée, celui-ci ordonne la communication au parquet et commet un magistrat rapporteur. Le tribunal peut ordonner d'assigner la personne « objet de la condamnation ». Le jugement est rendu en audience publique, sur rapport et après conclusions du parquet, et mentionné en marge de la décision réformée. Les frais sont mis à la charge de l'intéressé, s'il succombe, et, dans le cas contraire, imposés à la personne objet de la condamnation, si elle a été assignée. Enfin tous les actes, jugements et arrêts sont, en cette matière, dispensés du timbre et enregistrés gratis. Ces dispositions pèchent sur plusieurs points.

Il est à remarquer d'abord que le Sénat, persistant dans l'erreur déjà signalée, continue à prendre l'effet pour la cause. Un particulier ne saurait avoir « son casier judiciaire » ; mais lorsqu'un jugement a été indûment rendu à son nom, il a le droit d'en requérir la rectification, ce qui, par voie de conséquence et sans qu'il soit même nécessaire de le dire, entraîne la destruction du premier bulletin n° 1 et son remplacement par un titre semblable contre le véritable condamné, si toutefois il est connu. Quant à la rédaction d'un bulletin n° 1 ou 2 au nom d'une personne autre que celle désignée au jugement, qu'elle soit le résultat de l'inadvertance ou du crime, c'est là matière administrative, et le parquet puise dans ses pouvoirs propres le droit d'y remédier. Le premier alinéa de l'article 14 devrait être ainsi modifié : « celui qui voudra faire rectifier une décision l'intéressant, rendue en matière répressive..... » La généralité des termes importe d'autant plus ici que le texte visé, commun au ministère public et à la partie, embrasse manifestement toutes les éventualités, par exemple celle d'une rectification portant, non pas sur la personne même du condamné, mais sur telle ou telle mention du jugement (inexactitudes dans la relation de l'état civil, contrainte par corps omise ou indûment prononcée, erreurs dans la date de la sentence, la composition du tribunal, la liquidation des dépens, etc.). — Il faut noter aussi que cette procédure régit les tribunaux militaires comme les juridictions civiles, car elle est d'ordre absolu.

En ce qui concerne la faculté dévolue aux juges d'ordonner la mise en cause de la personne « objet de la condamnation », le texte s'exprime avec une insuffisante précision puisque, à ce moment de l'instance, il n'y a pas encore certitude légale de culpabilité contre un tiers. Il eût été mieux de dire : « la personne à laquelle on prétend imputer la condamnation. » Nous pensons même que le Sénat aurait pu, dans un but de célérité, autoriser la partie requérante à faire citer d'office cette personne et investir expressément le tribunal du pouvoir de prescrire toutes autres mesures utiles. Peut-être encore eût-il été avantageux de fixer la qualité dans l'instance de la personne assignée. Elle ne doit pas sans doute être entendue sous serment et cependant il faudrait lui réserver le bénéfice de la taxe pour assurer sa comparution. On concilierait tout en édictant l'allocation de la taxe ordinaire et l'audition à titre de simples renseignements.

Nous demanderons pourquoi, en cette matière, les actes et jugements seraient dispensés du timbre et enregistrés gratis. Les frais pouvant être mis à la charge de la partie requérante ou de la tierce personne assignée, ces formalités devraient être réglées en débet.

Remarquons enfin que notre texte n'a aucune disposition sur l'appel et le pourvoi. Cette faculté résulte formellement, pour le réhabilité de droit, d'un paragraphe de l'article 10, qu'il faudrait reporter à l'article 14, et rendre ainsi commun aux deux situations.

Traitant de la réhabilitation de droit, le projet a permis au demandeur de s'adresser en cas de contestation au tribunal de son domicile, dans les formes et suivant la procédure que nous venons d'examiner. Cette disposition eût été mieux à sa place dans le corps de l'article 14, mais elle présente surtout une particularité contestable. Pourquoi saisir le tribunal du domicile du demandeur? Il faut déroger le moins possible aux principes généraux ; or, s'agissant ici de l'exécution d'un jugement, la compétence appartient de droit au tribunal qui a rendu la décision à interpréter. Rompre avec cette règle serait, en vérité, pousser trop loin la bienveillance pour des repris de justice souvent peu intéressants.

CHAPITRE VI. — RÈGLEMENT D'ADMINISTRATION PUBLIQUE

Par une disposition nécessaire, mais qui aurait dû constituer l'article final du projet, le Sénat renvoie au Conseil d'État le soin des mesures réglementaires d'exécution. L'étude de ces moyens ne sera possible qu'après le vote définitif de la loi.

En résumé, le projet du Sénat, conçu dans le dessein de remédier aux funestes effets de la publicité du casier judiciaire, manque de la hardiesse inhérente aux réformes fécondes. Il fallait porter la hache à la racine du mal, et proscrire sans pitié toute communication aux particuliers. Pour avoir hésité, on a construit une œuvre compliquée et imparfaite, susceptible pourtant de résultats heureux, mais qui ne saurait, à moins de retouches sérieuses, répondre comme il convient aux nobles intentions de ses auteurs.

TABLE DES MATIÈRES